tredition®

www.tredition.de

AF217584

„Wenn nicht ist, was sollte sein,
trügt dafür der schöne Schein"

Martell Rotermundt

Die Sicht der Dinge

Gedichte eines Advokaten

© 2019 Martell Rotermundt
Umschlag, Illustration: tredition
Zeichnungen: Martell Rotermundt
Lektorat, Korrektorat: Thekla Schleifenbaum

Verlag & Druck: tredition GmbH, Halenreie 40-44, 22359 Hamburg

ISBN 978-3-7482-4611-4 Paperback

Inhalt

Berufliche Ansichten...9
Der tüchtige Anwalt...................................... 11
Eingeklagte Forderung 13
Quälende Schriftsätze 15
Akten, Akten 17
Der Seniorpartner 18
Feilschen... 20
Iudex non calculat... 22
Der Notar 24
Pensionsgrenze 26
Gesellschaftsgründung 27
Gerichtsparkplatz 29
Manneskraft.. 31
Das Zelt über der Dachterrasse 32
Analoge Reminiszenz.................................... 34
Die Sorgenfalte... 36
Juristischer Schlussgesang............................ 37

Rechtliche Einsichten..................................41
Die Quelle der Moral in der Moderne 43
Abgestempelt 48
Wandel des Rechts.. 49
Die goldene Regel... 50
„Ich rede mit jedem" 51
Ziviler Ungehorsam 52
Es geht mir ums Prinzip. 54
Und das Gesetz nur kann uns Freiheit geben....... 55
Sprache... 56
Was uns verbindet.. 57

Datensammelwut...58
Warum befolgen wir das Recht? 59
Verbraucher 60

Sonstige Umsichten...63
Mehr Schein als Sein...65
Unliebsame Begegnungen.....................................66
Meinungsvielfalt 67
Gemüse...69
Der Schwätzer 71
Brüderinnen...72
Bauen 73
Sackgasse...74
Der Mammon 76
Stille der Trennung...77
Der innere Schweinehund 78
Trübsalbläser 79
Wiederentdeckt..80
Fehler 81
Schnipsel 82
Nah und Fern 83
Reisende 84
Der Tag...85
Weitergehen..86

Berufliche Ansichten

Der tüchtige Anwalt

Ist ein Anwalt eher tüchtig,
liest er Akten nicht nur flüchtig,
dann wägt er sorgsam denkend,
auch auf Randgebiete lenkend,
was ist möglich und was nicht
und geht zufrieden zu Gericht.
Dem Mandanten wurde sacht
schon behutsam beigebracht,
dass sein Fall, wie er sich misst,
leider ohne große Chance ist.

In Erwartung einer Richterschelte,
dass seine Klage hier nichts gelte,
sitzt er angstvoll präpariert,
auf dass er unfallfrei parliert.
Doch als der Richter schlecht gelaunt
dem Gegner gleich entgegenraunt,
er wolle es beim Namen nennen,
er solle besser anerkennen
die ganze Klage, alle Posten,
und natürlich auch die Gegnerkosten.
Das sei kostenmäßig gar nicht schlecht,
und obendrein auch sehr gerecht.
Der Gegneranwalt, schwer getroffen,
wollt' anderes sich hier erhoffen,
folgte wie ein Untertan,
und erkannte diese Klage an.

Der Mandant, der unverhofft gewann,
klagt nunmehr seinen Anwalt an.
Dem Gegner gönne er den Geldverlust,
den Ausgang habe er ja eh gewusst.
„Und wissen Sie, ich sag noch was:
auf Richter ist ja doch Verlass."
Im Nachhinein ist es nicht schwer,
zu ahnen, wie es anders wär.

Eingeklagte Forderung

Wer vom andren Geld verlangt
und begründet um Erfüllung bangt,
nimmt als Kläger vor Gericht
seinen Schuldner in die Pflicht.

Gut vertraut mit diesen Dingen,
mag der Richter ihn zur Zahlung zwingen.
Mit diesem Vorsatz reich beseelt,
wird ein Anwalt ausgewählt,
der kampfeslustig, sattelfest
die Gelder aus dem Gegner presst.

Doch kaum als er beim Anwalt war,
verlangt dieser auch noch Honorar
und belehrt zu allem Überfluss,
dass der Kläger alles zahlen muss,
wenn der Schuldner sich beim Zahlen ziert
oder er nach Jahren den Prozess verliert.

Was nun folgte, das zermürbte ihn,
erst ein Jahr später im Gerichtstermin,
wird er vom Richter schlau belehrt,
sein ganzer Vortrag sei verkehrt,
das Recht in dieser Sache schwierig
und sein Verlangen auch recht gierig,
weshalb um Frieden zu erreichen,
es klüger sei, sich zu vergleichen.

Bevor er den Prozess verliert,
wurd' schnell die Hälfte akzeptiert,
und nach Abzug der Verfahrenskosten
verblieb ihm noch ein Spesenposten;
und der Schuldner zahlt mit Kosten bar,
was er schon immer schuldig war.

Quälende Schriftsätze

Im Zivilprozess seit langer Zeit,
herrscht das Prinzip der Mündlichkeit.
Vor's Gericht wird die Partei bestellt,
auf dass sie ihren Antrag stellt.

Doch wie die Dinge wirklich lagen,
wird vorher schriftlich vorgetragen.
Hier liegt der Schwerpunkt im Prozess;
doch führt dieser zum Exzess,
wenn ein Anwalt sehr detailverliebt,
endlos Satz an Sätze schiebt
oder scheinbar ungehemmt
sich gegen die Grammatik stemmt.
Manch' Kollege wenig rühmlich,
wird gar inhaltlich volkstümlich
bis er polemisch ungeniert
die guten Sitten ganz verliert.

Schön wär's Kollegen, wenn ihr das mal lasst
und euch im Ganzen kürzer fasst.

Akten, Akten

Beweise werden nur gefunden,
wenn Sie auf Papier gebunden.
So sammeln sich geduldig Fakten
in Schränken voller Arbeitsakten.
Doch was in Jahren dort verstaubt,
hat noch immer den Verstand geraubt.
Denn ungefragt, im Jahresrhythmus ungefähr,
erscheint die Akte dann zur Wiederkehr.
Vor uns liegt sie schmutzig fies,
vom Inhalt rätselhaft noch überdies.
Man mag sie weder greifen oder lesen
und wäre lieber anderswo gewesen.
Denn Papier, das über Menschen richtet,
gehört möglichst zeitnah schon vernichtet.

Der Seniorpartner

Ein Seniorpartner ist ein Mann,
der in der Anwaltspartnerschaft,
auch im Alter noch viel reden kann,
und manches Geld zusammenrafft.

Das Berufliche ist oft privat,
Privates gern Beruf,
ein Leben lang keimt diese Saat,
mit der er sich sein Ansehen schuf.

Sein Erfahrungsschatz ist unermesslich,
was er dem Junioranwalt gern erzählt,
und ist er dennoch mal vergesslich,
wird die Sekretärin dann gequält.

In elend langen Partnerrunden,
verliert er sich im Monolog,
so vergehen viele Stunden
im selbstverliebten Geistessog.

In manchem Club war er aktiv,
wirkte gern als Vorstand, Präsident,
die Mitgliedschaft ist jetzt passiv,
weil ihn doch schon jeder kennt.

Auf seinem Schreibtisch stehen aufgereiht,
Ehefrau nebst Kind und Enkelkindern,
doch Schmerz von wenig an Gemeinsamkeit,
können diese Fotos auch nicht mindern.

So sieht man stets und allerorten,
den eitel klugen Senior,
reich an Geld und auch an Worten,
Oh lieber Gott, bewahre mich davor.

Feilschen

Fragt der Mandant, was er wohl fordern kann,
regt sein Anwalt schnell zehntausend an;
das könne man wohl aus dem Gegner pressen
und sei auch sonst wohl mehr als angemessen.

Nun wird der Anwalt – meint er - taktisch,
und fordert erstmal prophylaktisch
das Doppelte vom Schuldner ein,
um auch nach langem Feilschen vorn zu sein.

Der Schuldner fürchtet für den Schluss
dass er zu viel bezahlen muss.
Böte er jetzt schon die Hälfte als sein Ziel,
wär' das Ergebnis immer noch zu viel,
denn Fünfzehntausend sieht er schlicht,
hat er heute und auch morgen nicht.

So schreibt er höflich dann zurück,
er hätte wirtschaftlich kein Glück,
es fiele ihm auch furchtbar schwer,
aber leider sei sein Konto leer.

Im Übrigen fragt er erst jetzt,
wie sich die Forderung zusammensetzt.
Der Gläubiger nennt nun die Posten
und was diese denn nun wirklich kosten,
noch immer hoch und aufgerundet,
der große Rest sei erst gestundet.

Der Schuldner sieht, nach langer Rechenqual,
schlussendlich eine kleinere Zahl.
Nach kurzem Streit wurd' man gebändigt,
und hat sich endlich doch verständigt,
der Schuldner zahlt, was uns jetzt wundert,
jetzt neuntausend und fünfhundert.

Wer Gründe sucht für's Resultat,
beachte diesen weisen Rat:
Was erfolgreich ist auf dem Basar,
bleibt beim Handeln unvorhersehbar.

Iudex non calculat

Dem Juristen fällt seit alters her,
das Zahlen lesen furchtbar schwer.
Steuern rechnen und Bilanzen lesen,
überhaupt das ganze Rechnungswesen,
sind ihm im Innersten ein Grauen,
da schon äußerlich schwer anzuschauen.
Wer nichts mehr zu erklären hat,
zitiert „judex non calculat."
Doch ist das Rechnen kein Problem,
folgt es der Logik als System.
Doch nur um Logik wiederum,
baut sich ein gutes Recht herum.
Doch der Jurist will textlich sich verrennen,
um nicht das Unbequeme zu benennen.
So wird sprachlich tarnend ausgefochten,
was Zahlen niemals so vermochten.

Der Notar

Was ein Anwalt niemals war,
ist dafür der Notar:
Etwas schratig, meist seriös,
das Büro auch mal pompös,
bastelt er an zig Verträgen,
wo es gilt tief abzuwägen,
um diese wie's jeher gewesen,
den Parteien vorzulesen.
Bei diesem Paragraphenleiern,
wird der Kopf dem ersten bleiern,
der Zweite hört zum ersten Mal,
die Höhe seiner Kaufpreiszahl,
wobei der Dritte jetzt kapiert,
dass er grad sein Haus verliert.
Wer auch immer es erkor,
hier lese man ja nur schnell vor,
übersah, dass einen erst was stört,
hat man erstmal zugehört.
Geschriebenes mag schon bestechen,
doch besser ist's, auch mal zu sprechen.

Pensionsgrenze

Ob Richter oder Advokat,
wenn die Pensionierung naht,
macht die Trägheit Recht zunichte
und das Gelernte wird Geschichte.
Was bringen Literaturfundstellen,
nebst jüngster rechtlicher Novellen,
höchstgerichtlich längst Geklärtes
(niemand liest es und erfährt es),
Meinung, die als herrschend gilt,
und aus jedem Lehrbuch quillt?
Selbst gebot'ne Höflichkeiten,
bereiten größte Schwierigkeiten,
auf dass man letztlich ungeniert,
erst nach der Rente terminiert.
Dann können jüngere Kollegen,
sich hier Kluges überlegen.

Gesellschaftsgründung

Manch einem fällt was Tolles ein,
wollt' schon immer Unternehmer sein,
sucht sich gleichgesinnte Kandidaten,
einen Anwalt zum Beraten
und gründet schnell, man ahnt es schon,
die juristische Person;
und wenn man diese in die Pleite lenkt,
ist die Haftung dann beschränkt.

Partnerschaft, ein schönes Wort,
es sagt sich hin und weiter fort,
weil es scheinbar gut verbindet,
was sich nach langer Suche findet.
Gleich im Takt als auch im Denken,
will man fortan gemeinsam lenken.
Man sieht im Unternehmertum den Sinn
und hofft auf Umsatz und Gewinn.

Man ahnt es schnell und weiß es auch,
zum Einsturz reicht ein winz'ger Hauch.
Was einst gegeben, gut gemeint,
wird als unveräußerlich beweint.
Missgunst, Streit und Eifersucht,
vernichtet fest Geglaubtes voller Wucht.
Und das, was noch zum Stolz gehört,
ist mit einem Schlag zerstört.

Man geht zum Anwalt, ist es leid,
und ist mitten im Gesellschaftsstreit.

Der wirkt wie ein Ungeheuer,
zehrt an Kräften und ist teuer,
macht jeden unversöhnlich,
und den Umgangston persönlich.

Nach unzähligen Prozessen,
ist der Anfangszauber längst vergessen.
Die Firma wird ganz ungeniert,
aufgeteilt und liquidiert.
Man bleibt zurück und fragt sich nur,
wie haltbar ist ein Treueschwur.

Gerichtsparkplatz

Da der Anwalt öfters was vergisst,
und daher dann in Zeitnot ist,
eilt er so gestresst mit seinem Wagen
auf den Gerichtsparkplatz, um auszutragen
den Kampf um leere Plätze
mit anderen in größter Hetze.
Da kommt ihm glatt in sein Gehege,
ein Rüpelmensch, auch kein Kollege,
und dieser fährt, er sei dafür verflucht,
auf den Parkplatz, den man ausgesucht.
Als Verteidiger vertraut mit diesen Dingen,
zitiert er lautstark Götz von Berlichhingen,
brüllt noch manch verbot'nes Wort
und setzt zornesrot die Suche fort.
Als der Anwalt dann im Saale war,
verspätet, das war nach diesem Vorfall klar,
sieht er würdig auf der Richterbank,
den Gegner aus dem Parkplatzzank.
Und so gibt der überraschte Advokat
schnell sich selber diesen Rat,
dass man, wie's immer auch geschieht,
sich im Leben zweimal sieht.

Manneskraft

Ein Anwalt ist oft männlich,
vom Ego unzertrennlich,
mal testosterongeschwängert,
was das Leben nicht verlängert,
kurzum stolz, nie vorgebeugt
und von sich auch überzeugt.
Diesem pfauenhaften Exemplar
erscheint es dann recht sonderbar,
spricht bei Gericht dann Recht,
jemand mit anderem Geschlecht.
Ganz im Ego ist er dann verletzt,
ist die Kammer gar besetzt,
er mag dem Anblick gar nicht trauen,
vollumfänglich mit drei Frauen,
welche ihm den Tag vermiesen
mit dem Tenor „Klage abgewiesen".
Gekränkt im Hirn und fast im Leib
sieht der die Schuld beim Richterweib,
das ohnehin nichts taugt und kann;
nur bei sich selber,
da fängt ein Macho niemals an.

Das Zelt über der Dachterrasse

Wer als Freiberufler tätig ist,
lädt zuweilen gern Mandanten ein,
plant, damit es niemand gleich vergisst,
ein illustres Stelldichein.

Weil es den Gast beim Regenguss
wohl kaum auf der Terrasse hält,
fast man deshalb den Beschluss
und spannt hierüber gleich ein Zelt.

Doch wer solcherlei Gedanken fasst,
übersieht die zweifelnde Kollegenschar,
die vor Bedenken ganz erblasst,
schon immer gegen Zelte war.

Der eine hält das Zelt für hässlich,
der nächste sieht's beim Sturm fortwehen,
hält Baugenehmigungen unerlässlich,
und der letzte es in Flammen stehen.

Frustriert ob dieser Gegnerschaft,
die Gefahrenlagen ernsthaft machen,
setzt man um mit letzter Kraft,
den Entschluss zum Überdachen.

Am Abend kamen dann die Gäste,
tranken viel und sangen Lieder,
und mittendrin in diesem Feste,
ging ein Regenschauer nieder.

Fröhlich wurde Schutz gesucht.
Selbst die Zweifler standen munter,
obwohl das Zelt zuvor verflucht,
wie selbstverständlich auch darunter.

Analoge Reminiszenz

Der Computer wurde wohl erfunden,
um manch analog verirrtem Kunden,
die schnelle Technik vorzuhalten,
die es ja gilt nur einzuschalten.

Kaum ist der Startknopf – Neudeutsch Button,
betätigt, piepen, rattern Speicherplatten,
es gilt sich langes Warten zuzumuten:
Der Rechner schickt sich hochzubooten.

Nach Bios, Flimmern und Betriebssystem,
geb' ich kryptisch unbequem,
das mir erinnerliche Passwort ein
um als Nutzer endlich drin zu sein.

Ich klicke an den Internetexplorer.
Doch trotz schnellem Netz erfror er,
zeigt auf dem Bildschirm endlich
einen Warnhinweis, der unverständlich.

Drei Finger müssen die Motorik lernen
drücken Steuerung nebst Alt-Entfernen.
Die Sache steigert sich zum Start-Exzess,
ganz neu beginnt der Boot-Prozess.

Doch funktioniert kein weiterer Befehl
auf dass ich mich zu radikalstem quäl:
Nach lautem Schreien und Gemecker,
zieh ich entnervt den Spannungsstecker.

Jetzt geht's schnell, den Deckel zu,
ich wend' mich wieder Analogem zu.
Das schnöde Buch, so ist's seither gewesen,
braucht keinen Strom, nur Licht zum Lesen.

Die Sorgenfalte

Wenn es mir doch nur gelänge,
der Sorgenfalte beider Hänge,
die durch meine Stirn sich ziehen,
unbelastet zu entfliehen.
Auf der einen Faltenseite
herrscht die Angst in ganzer Breite,
vor dem Scheitern und Versagen,
gepaart mit schlimmsten Armutsplagen;
auf dem andren Faltenhang
wirkt Arbeitslast gleich einem Zwang
im Hamsterrad, das ewig dreht
und niemals zur Erholung steht.
Unterschiedlich sind die Sorgen,
doch die Quelle bleibt verborgen:
Denn beiden Seiten ist gemein,
Opfer seiner selbst zu sein.

Juristischer Schlussgesang

Der Mensch strebt nach der guten Tat,
Will hilfreich, gut und edel sein,
Sonnt sich gern im Ruhmesschein
Und wird zur Krönung Advokat.

Es ist ein Traum von Alters her,
Ist der Mensch verderbt und schlecht,
Wird er befriedet durch das Recht
Und stört des andren Gut nicht mehr.

Ordnung zeigt sich in Gesetzen,
Die es gilt auch einzuhalten.
Doch wenn ignorante Kräfte walten,
Muss man sie dann doch ersetzen.

So wird der Mensch vom Recht belehrt.
Was der eine hält für Recht,
Macht den anderen zum Knecht.
Zum Schluss ist nur das Recht vermehrt.

Paragrafen finden sich im dicksten Band,
Der ewig hält und nie vergeht.
Und wenn der einzelne es nicht versteht,
Trägt er sein Geld zum Rechtsbeistand.

Doch zeigt sich die Erkenntnis bald,
Das Gesetz in dieser Fülle,
Ist letztlich eine Hülle.
Wichtig ist der Sachverhalt.

Wenn Anwalt dann zu Werke geht,
Weicht Moral erst Rechtsgefühl

Und schließlich nüchternem Kalkül.
Was einst gedacht ist umgedreht.

So wird man alsbald erkunden,
Wie sich das Ziel erreichen lässt.
Im Schriftsatz hält man es dann fest,
Ob Wahrheit oder frei erfunden.

Wer Instanzenzüge ganz erklimmt,
Sieht sein Recht verschiedentlich betrachtet.
Auch wenn er dieses letztlich achtet,
bleibt es oftmals unbestimmt.

Wer möchte nicht gern Richter sein,
Der spricht was er für rechtens hält.
Doch wer wie welches Urteil fällt,
Weiß nur der Herrgott ganz allein.

Rechtliche Einsichten

Die Quelle der Moral in der Moderne

(Bekenntnis eines Positivisten)

Wir nennen Gegenwart Moderne
und erkennen nur noch in der Ferne
die Moral, die Menschen bindet,
bis sie fast am Horizont verschwindet.

So frage ich mich dann und wann,
dass ein Einzelner nicht ruhen kann,
wenn sich die ganze Menschenwelt,
scheinbar wertlos selbst gefällt.

Aus aufgeklärtem Geistesdunst
entstand des Philosophen Kunst,
die eine diskursive Stätte
umspannt wie eine Denkerkette.

In dieser Welt der Denkerzunft
galt allein die menschliche Vernunft
als die Quelle der Moral,
die den rechten Weg empfahl.

Nur die Vernunft vermochte zu erkennen,
was wir Maßstab unsres Handelns nennen.
So werden hergebrachte Traditionen,
und zur Instanz gewordene Religionen,
aus dem aufgeklärten Geist verbannt
und als Leitungsmacht nicht anerkannt.

Vernunft befreite uns von Geisteshaft,
und förderte die Wissenschaft,
die mit ungebremstem Forscherdrang,
sogar Naturgewalten ganz bezwang.

Was Muskelkräfte schwer bedienen,
verrichten effektiver die Maschinen,
deren Schnelligkeit nebst Kraft
Produkte gleich in Massen schafft.

Was geschaffen für die Ewigkeit,
bekommt beschränkte Haltbarkeit,
denn im Rausch der Konsumentenwelt,
vermehrt sich so am besten Geld.

So verhalf das aufgeklärte Denkertum,
der Marktwirtschaft zu ihrem Ruhm,
wo sich der einzelne für Geld verdingt,
das ihm erst angehäuft die Freiheit bringt.

Das Geld war stets nur Gegenwert
und wurde als Metall verehrt.
Doch schweres Gold verkam zur Zier,
denn aus Münzgeld wurde bald Papier,
das seinerseits den Glanz vergisst
und heute nur noch Buchgeld ist,
das virtuell in Datensätzen,
nichts mehr hat von alten Schätzen.

In Ware hat sich Geld verkehrt,
wenn es sich rasend schnell vermehrt
und mit blinder Gier und Bankenkraft,
den Reichtum dieser Zeiten schafft.
Schlicht alles kann was kosten,
und entfremdet sich zum Buchungsposten.

Die Vernunft war das, so schrieb auch Kant,
durch die der Mensch Moral erfand.
Auf sittliches Vertrauen
sollte sich der Markt aufbauen.
Moral sei Ordnung, Markt die Chance
und so bliebe beides in Balance.

Doch das Streben nach Gewinn,
schafft weder Ordnung noch den Sinn;
der Markt scheint Ordnung zu entleeren,
und die Moral dabei noch aufzuzehren.

Die moderne Welt mit Gier-Exzessen,
hat die Vernunft längst aufgefressen.
Des Menschen Trieb ist nur die Lust,
und wenn er handelt, unbewusst.

Die Vernunft ist nicht Gesetzesquelle,
doch was tritt an ihre Stelle?

Die Religion ist zwar ein Geistesschatz,
doch taugt sie nicht zum Quellersatz.

Sie selbst ist Opfer aufgeklärter Welt,
die für Gott nicht viel mehr übrig hält.
Der Mensch empfindet Kirchenenge
und sucht statt hergebrachter Zwänge,
nach den Gründen für sein Treiben,
um weiterhin vergnügt zu bleiben.

Sieht man die Lebewesen reifen,
mag man Natur als das begreifen,
was nicht nur die Welt beschert,
vielmehr richtiges Verhalten lehrt.

Doch was der Mensch hieraus entnimmt,
hat zumeist er für sich selbst bestimmt.
So wurde manches Recht verneint,
was heute unverzichtbar scheint.

Auch wurde einst mit der Natur begründet,
was in Unfreiheit, ja Sklaverei einmündet.
Das Sein an sich ist keine Kraft,
das aus sich heraus ein Sollen schafft.
Was somit bleibt, ist bloßes Sein,
darum ist nichts, wir sind allein.

Entweicht das Wort Moral dem Munde,
ist Weltanschauung oft im Bunde,
um die Menschheit zu verpflichten,
sich wie gewünscht auch auszurichten.

Doch hat der Markt mit seiner Kraft
auch Ideologen längst dahingerafft.

Marx und Engels, Kommunisten,
sollen totgeweiht ihr Dasein fristen.
Ideologie taugt nicht als Quelle,
der Markt setzt sich an ihre Stelle.

Sind unsre Menschenwerte aufgefressen,
hilft nur der Ausgleich der Interessen,
der nicht scheidet zwischen gut und schlecht,
sondern schlicht nur eines schafft: Das Recht!

Ein Recht, das durch uns selbst gesetzt,
wird geachtet und bleibt unverletzt.
Wenn wir dies fortan verrichten,
gebieten uns geschaffne Pflichten,
sich bei Konflikten stets zu zäumen,
und im Gespräch die Zwietracht auszuräumen.

So gilt es unentwegt zu streiten,
diskursiv sich zu begleiten,
um mit dem Recht als Maß allein,
auf dieser Welt auch Mensch zu sein.

Abgestempelt

Der, der bisher offen nicht gesündigt,
wird durch Indiskretes schnell entmündigt,
doch wenn es gilt, den Schuldigen zu richten,
kann man auf Wahrheit nicht verzichten.

Wandel des Rechts

Das, was früher unumstößlich war,
ist jetzt plötzlich disponibel.
Was falsch ist und was wahr,
wird austauschbar flexibel.
Für das Recht ist die Beliebigkeit
ein gegenwärtig großer Feind.
Doch mitunter und nach langer Zeit,
der Wandel unausweichlich scheint.

Die goldene Regel

Was der Mensch jeher ersehnt,
oft vergisst und wiederfindet,
ist ein Gesetz, das klar erwähnt,
was unser Tun als Maßstab bindet.

Kategorisch, golden, kraft Natur,
so die Denker aller Zeiten,
kannst du andere behandeln nur,
wie sie es sollen dir bereiten.

Doch bei näherem Betrachten,
kann die Regel Tun nur bändigen,
wenn alle Menschen sie beachten
und sich vorher so verständigen.

„Ich rede mit jedem"

Du fragst dich oft, was um dich ist,
ergründest häufig auch dein Sein;
willst wissen, wer du bist
und bleibst mit Zweifeln doch allein.

Wer sich wie, warum verhält,
und welches Tun fortan geboten,
wird auch in Jahren nicht erhellt,
und ist allein nicht auszuloten.

Mit allen, die es gilt zu binden,
ist mühsam im Diskurs zu streiten,
um Normen aufzufinden,
die Gültigkeit bereiten.

Man mag den Dialog verfluchen,
wenn er mitunter schwierig scheint,
doch gilt es stets, ihn zu versuchen.
Der Schweigende bleibt weiter Feind.

Ziviler Ungehorsam

Es lernt schon früh ein jedes Kind,
dass Gesetze zu befolgen sind.
Denn erstens machen Regeln Sinn,
und zweitens: Wo kämen wir denn hin?

Doch manch Gesetz nebst Umsetzung,
erscheint uns oft als Gängelung,
das liebgewonnenes beseitigt,
und größte Ärgernisse zeitigt.
Auch kann es fürchterlich beschweren
und seinen Zweck fast sinnentleeren.
So wird dann häufig laut der Schrei,
dass diesem Unsinn nicht zu folgen sei.
„Ungehorsam" sei jetzt Bürgerpflicht,
drum „wache auf, gehorche nicht".

Wer vorschnell das Gesetz missachtet,
und nach Nichtbefolgung trachtet,
verspielt den Frieden im System.
Denn es ist zweifellos bequem,
das Gesetz mit Vorsatz zu verletzen,
anstatt es mühsam zu ersetzen.

Letzteres verlangt nach Streit
und kostet zudem sehr viel Zeit.
Der Diskurs erfordert Sachverstand,
ist oft schwieriger als Widerstand,
und mag mit Worten ausgetragen
uns mitunter nicht behagen.

Doch nur ein faires Wortgefecht
führt am Ende auch zu Recht.
Drum ist Ungehorsam nur geboten,
in der Herrschaft von Despoten.

Es geht mir ums Prinzip.

„Ich gab gern Geld und auch gern nach,
wenn am Ende etwas übrig blieb.
Doch nach dieser tief empfundenen Schmach,
geht's mir einzig ums Prinzip."

Das Prinzip ergibt sich aus Gesetzen,
die es ohnehin gilt zu beachten.
Du hingegen möchtest nur erneut verletzen
und mit Rache nach dem Ausgleich trachten.

Das Prinzip, das du für gültig hältst,
hast du allein dir nur ersonnen.
Mit einem Urteil, das du selber fällst,
hast du für dich noch nichts gewonnen.

Und das Gesetz nur kann uns Freiheit geben

„Und das Gesetz nur kann uns Freiheit geben",
so wird Goethe gern zitiert.
Doch wie sich die Worte wirklich weben,
hat schon manchen irritiert.
Wer nur das Wort „Gesetz" betont,
sieht hier der Freiheit Quelle;
doch wer weiß, das andres innewohnt,
betont das Wörtchen „das" anstelle.
Deutlich wird, was Goethe hier bereitet,
denn im letzten Satz verweist er
auf das, womit er eingeleitet:
„In der Beschränkung zeigt sich erst der Meister
und – das – Gesetz nur kann uns Freiheit geben."

Sprache

Des Menschen Körper zeigt sich schlicht,
so wird Person erst, wenn sie spricht.
Die Sprache ist mithin nicht nur
Übersetzer der Kultur;
sie trägt vielmehr als ihre Stele
des Menschen Geisteswelt und Seele.
Die Sprache wird geschliffen
und als solche erst begriffen,
wenn sie die Dinge so beschreibt,
dass es für immer haften bleibt.

Was uns verbindet

Wenn Steine Menschen wären
und Mörtel Menschenliebe,
wie leicht ließ sich erklären,
was besser aneinander bliebe.

Datensammelwut

Alles Wahrnehmbare wird gespeichert,
gar unermesslich angereichert;
von uns wird ungefragt beschafft,
und das unvergänglich dauerhaft,
was wir aus unsrem Leben
niemals hätten preisgegeben.
Das Datennetz steht wie ein Pate,
über uns, beherrschend das Private.
Es macht uns glauben unentwegt,
dass sich der Mensch nach vorn bewegt.

Doch braucht der Mensch das Unerspähte,
geheimnisvolle wie Diskrete;
das für sich behalten bringt ihm Lust,
macht ihn stolz und selbstbewusst.
Denn was man andren vorenthält,
wird verfälscht nie dargestellt.
Mit kopiertem Seelenleben,
wird dem Menschen nichts gegeben.

Warum befolgen wir das Recht?

Es lernt schon früh ein jedes Kind,
dass Gesetze zu befolgen sind
und wenn man es verletzt,
es als Folge eine Strafe setzt.
Doch hindern wir den Rechtsbruch schon
durch pure Angst vor der Sanktion?
Bei näherer Betrachtung
ist Grund für die Beachtung,
dass manch Gesetz, wie es sich misst,
zuweilen durchaus sinnvoll ist.
Ohne Sinn jedoch bleibt Recht nur kläglich,
und seine Strafe unerträglich.

Verbraucher

Verbraucher ist ein schönes Wort:
Er ist ein Mensch, der gern verbraucht,
in Produktvielfalten tief eintaucht
und was nichts taugt, das wirft er fort.

So frisst er sich durch Warenwelten,
die er fremdbestimmt durchläuft,
bis er im Überfluss ersäuft,
um als schützenswert zu gelten.

Geschützt wird so, wer gern vernichtet,
doch würde es wohl mehr uns nützen,
würde man doch jenen schützen,
der zuweilen mal verzichtet.

Sonstige Umsichten

Mehr Schein als Sein

Wer mit körperlichen Kräften protzt,
und äußerlich vor diesen strotzt,
erscheint, wenn man sie wirklich braucht,
im Tatendrang sehr aufgebraucht.

Wenn ein Kopf in Büchern steckt,
zeugt dies nicht gleich von Intellekt.
Selbst das allerdümmste Wesen,
gibt sich gerne mal belesen.

Wie gern verspricht man voll und ganz
das Hohelied der Toleranz.
Doch muss der Anspruch sich im Alltag messen,
erscheint der Vorsatz wieder schnell vergessen.

Wenn halt nicht ist, was sollte sein,
trügt dafür der schöne Schein.
Ein jeder ist nur, was er ist,
dumm nur, dass er's vergisst.

Unliebsame Begegnungen

Wer Leute trifft, kann's nicht vermeiden,
man kann den anderen nicht leiden.
Doch schreiben vor die Etiketten,
man bleibt höflich, gibt den Netten.
Und sagt zu allem Überfluss,
dass man sich wiedersehen muss.
Da erwidert glatt der Unsympath,
die Idee sei gut, es passt im grad.
Für diesen Einfall hasst Du ihn,
doch wird bestätigt der Termin.
Du verharrst in Ärgerkrämpfen,
auch Alkohol kanns nicht mehr dämpfen.
Der andere ist treu, nicht mal vergesslich.
So sagst du ab, du seist unpässlich.
Zwar ist es kein Vergnügen,
aus inn'rem Zwang zu lügen.
Doch einsam wird, wer offen spricht:
„Mein lieber Herr, ich mag sie nicht."

Meinungsvielfalt

Weil eine Meinung wenig zählt,
hört man gern noch andere an,
denn aus Vielfalt ausgewählt,
das Urteil sich verbessern kann.

Der Erstgefragte lange schweigt,
kann sich erst nach Stunden fassen,
bis er sein Haupt nach vorne neigt
und rät, das alles doch zu lassen.

So wendest Du dich irritiert
an einen wahrhaft klugen Genius,
der sich so gefragt nicht lange ziert
und weiterredet ohne Schluss.

Von diesem Wortschwall angestrengt,
sagt Dir ein launischer Kollege,
wer mit Fragerei anfängt,
bringt ohnehin nichts mehr zuwege.

Der nächste macht es ganz verstrickt;
weil er an Recht und Ordnung glaubt,
sieht er Gesetze im Konflikt
und hält den Plan für nicht erlaubt.

Der zuletzt gefragte hat Bedenken,
und beschimpft dich ungeniert,
will sein Hirn nicht mehr verrenken
fühlt sich am Ende gar düpiert.

So im Schlaf der Traum dich plagt;
doch wenn du Tags' darauf erwachst,
weißt du befreit und unverzagt,
dass du es dann alleine machst.

Gemüse

Wir essen mittags gerne Lauch,
zuweilen Erbsen, Möhren auch,
mal Auberginen und Tomaten;
ob roh, geschält, ob krossgebraten,
Gemüse bringt bei Hitze oder Kühle,
stoffgewechselt Glücksgefühle.

Drum, Kinder, lasst uns kochen,
vegan, ganz ohne Tier mit fiesen Knochen,
auch lieber Rohkost klein geschnibbelt;
denn wessen Seele hierfür hibbelt,
isst das Gemüse herzlich gern
und bleibt dem Fertigfutter fern.

Doch alsbald schleichend, heimlich still,
riechst Du die Düfte von 'nem Grill:
Rostbratwürste, Kottelets, Hähnchenbrüste,
erzeugen reinste Wohlgelüste.
So ist zum Leben Essen wohl ein Muss,
doch Dogma nie, nur stets Genuss.

Der Schwätzer

Hält sich ein Mann für evident wichtig
wird er zunächst einmal tief ernstgesichtig.
Mit gerunzelter Stirn, die Stimme sonor,
bringt er zunächst ein „Naja" nur hervor.

Nach einer Pause und schweifender Hand,
mimt er den Schlauen mit großem Verstand.
Der Monolog startet, die Sätze sind lang,
er kennt die Geschichte, Kultur und Gesang,
Physik und Chemie auf höchstem Niveau,
Die Politik mit Partei sowieso.
Ich fühle mich dumm und mäßig belesen,
als wäre ich nie auf Schulen gewesen.

Nach Stunden der Rede schleich ich mich fort,
suche die Stille, den sicheren Ort.
Doch dort angekommen, ich kann es kaum sagen,
sammeln sich alle, die's auch nicht ertragen.
Belustigt, beschwingt, so wollen wir sein,
nur unser Schwätzer, der bleibt allein.

Brüderinnen

Ein Bruder ist stets männlich,
schon äußerlich erkennlich.
Erst schwierig wird so manch Geschreibe
wird der Bruder nun zum Weibe.
Doch auch im hundertsten Semester,
bleibt sie sprachlich eine Schwester.

(Erwiderung auf die gefundene Anrede „liebe Brüde-
rinnen und Brüder")

Bauen

Da das Leben einem Bauwerk gleicht,
wird Vollendung nicht sofort erreicht.
Nur durch permanentes Werken,
wird sich deine Seele stärken.
Denn es ist das Werk an sich,
das Ziel erscheint veränderlich.

Sackgasse

Wer inmitten seines Lebens steht,
und sieht, wie mancher Traum vergeht,
sucht nach der Quelle seiner Kraft,
die ihm Erträumtes doch verschafft.

Doch als ihn das Gefühl beschleicht,
sein Lebensziel bleibt unerreicht,
zeigt sich dann, was er versäumt,
und dass nur er den Traum geträumt.

Der Mammon

Wenn der Mammon still zum Teufel reift
und ganz von dir Besitz ergreift,
nimmt er als Elixier die Angst,
wegen der du um dich selber bangst.

Das Ungeheuer wirkt ganz ungezähmt,
bis du hilflos und gelähmt,
zitternd nach dem Gelde flehst
und unterdrückt zugrunde gehst.

Die Angst wirst du mitnichten
nur mit Mut zugrunde richten.
Mit echten Freunden lässt sie sich,
planvoll handelnd umsichtig,
in manchen Lebenslagen
vielleicht leichter sich ertragen.

Stille der Trennung

Wo wir auch immer sind,
in die Stille pfeift der Wind,
der mich umweht als leichter Hauch,
so dass ich weiß, dich auch.

Ich spüre, was im Geiste spricht,
wenn nichts das Schweigen unterbricht
und sich langsam die Gewissheit klärt,
dass dem and'ren Gleiches widerfährt.

Der innere Schweinehund

Im Kopf wird manches überlegt,
bleibt der Körper unbewegt.
So meidet man sehr gern Sportives
und achtet Faulheit als was Kreatives.
Doch Grübeln ist kein Zeitvertreib
in einem regungslosen Leib;
denn auch Geisteskräfte schwinden,
wenn Gelenke keine Übung finden.

Trübsalbläser

In manchen Lebensphasen
muss man leider Trübsal blasen;
doch bläst ein Mensch es täglich,
wird das Leben unerträglich.
Sauerstoff, er dient dem Leben,
nicht schlechter Laune Laut zu geben.
Denn wirklich klangvoll sind nur Töne
für die Freude und das Schöne.

Wiederentdeckt

In Sicht ist für uns die modernere Zeit,
es wachsen in Köpfen die neuen Gedanken,
zurück liegt Vergangenes dabei schon so weit,
es schließen sich hinter uns trennende Schranken.

Es wandern die Bilder und rasen die Stunden,
nur andere Taten, ein neues Gesicht,
Orientierung gesucht und manchmal gefunden,
so abgelenkt durch rufende Pflicht.

Die glücklichen Jahre sind fast schon vergangen.
Wer will noch weiter verführerisch streben?
Doch stillt diese Welt nicht ewig Verlangen,
es klingen nur Münzen fast lautlos im Leben.

Doch zwanglos und plötzlich ist wiedergekehrt,
erinnerte Liebe, die sich offenbart,
die Zeiten dazwischen erscheinen entleert;
was einstmals vergangen ist nun Gegenwart.

Fehler

„Wo gehobelt wird, da fallen Späne",
wird tröstend gern zitiert;
doch wer dabei den Ruf verliert,
sieht im Rinnsal die Fontäne.
So ändert gut gemeinter Trost
nichts an der Last der Scham,
die dich quälend und voll Gram,
nur noch rasender erbost.

Schnipsel

Für den Schwätzer ist's Verzicht,
wenn er zwanghaft nicht mehr spricht.

Ein Schweiger wär' hingegen,
beim Sprechen lieber nicht zugegen.

Nah und Fern

Wenn ich dich von Fern erspähe
naht sich Deiner Augen Glanz;
empfinde wärmend eine Nähe
und leide doch an der Distanz.

Reisende

Der Zug rauscht dahin, ihr Atem ist leise;
sie blickt in vom Nebel durchzogene Nacht
auf Ihrer von Zweifeln begleiteten Reise,
die kurze Gedanken zu dauernden macht.

Dich halten Momente und treiben Gefühle,
es fällt Orientierung im Rausche der Zeit.
Es naht keine Rettung in nächtlicher Kühle.
Allein scheint der Mensch und lastend das Leid.

Wer rettet das Herz der einsamen Schönen?
Den Kummer betäuben mit Launen der Lust?
Soll Stolz die geschundene Seele verwöhnen?
Wem waren die Pflichten bei Abfahrt bewusst?

Es gibt keine Antwort auf all diese Fragen.
Zwar sind wir einzig, doch mitnichten allein.
Geliebt von Geliebten, die Liebe nicht sagen;
schön ist das Jetzt, das Leben ist Dein.

Der Tag

Hätt' der Tag nur dreißig Stunden,
so manches Ziel wär' längst gefunden;
länger wär' der Tag als wie die Nacht,
mehr Wunder wären dieserorts vollbracht.

Doch wer über Zeiten will verfügen,
kann offenbar sich selbst belügen.
Der Mensch muss sich beeilen,
will er den Tag in Stunden teilen.
Nicht die Zeit bestimmt die Welt,
es ist der Mensch, der sich dran hält.

Weitergehen

Wohin wir gehen,
woher wir kommen,
bleibt dir zu fragen
unbenommen.
Doch am Ende
mehr versteht,
wer ohne Antwort
weitergeht.

Zeitfracht Medien GmbH
Ferdinand-Jühlke-Straße 7
99095 Erfurt, Deutschland
produktsicherheit@kolibri360.de